LE PROFESSEUR VOLT EST UN SCIENTIFIQUE CÉLÈBRE. IL A CONÇU CETTE MACHINE À VOYAGER DANS LE TEMPS POUR LA FAMILLE STILTON. LEUR MISSION : DÉFIER LES CHATS PIRATES ET SAUVER L'HISTOIRE!

RATONAUTILUS

JAN 2013

Geronimo Stilton

L'IMPOSTEUR DU COLISÉE

À l'origine d'une belle aventure!

Texte de Geronimo Stilton
Couverture et couleurs de Flavio Ferron
Illustrations intérieures et couleurs par Wasabi! Studio
Graphisme par Marta Lorini

© 2007- EDIZIONI PIEMME S.p.A., via Tiziano 32- 20145 Milan, Italie
© 2010 – Pour cette version française par Les Éditions Origo
Droits internationaux © ATLANTYCA S.p.A., Via Leopardi 8- 20123 Milan, Italie
foreignrights@atlantyca.it – www.atlantyca.com

Titre original : Geronimo Stilton La Truffa Del Colosseo
*Basé sur l'idée originale d'*Elisabetta Dami.

Traduction par Emily Gervais *et* Jessica Hébert-Mathieu

www.geronimostilton.com

Édition canadienne
Les Éditions Origo
Boîte postale 4
Chambly (Québec) J3L 4B1
Canada
Téléphone : 450 658-2732
Courriel : info@editionsorigo.com

978-2-923499-27-7

Imprimé en Thaïlande
Gouvernement du Québec – Programme de crédit d'impôt pour l'édition de livres – Gestion SODEC

C'ÉTAIT UN BEAU MATIN À **SOURISIA**. UNE CHAUDE BRISE SOUFFLAIT SUR LA VILLE, LUI DONNANT DES AIRS DE PRINTEMPS.

L'IMPOSTEUR DU COLISÉE

MAIS, CE MATIN-LÀ, L'ALARME DE MON CADRAN N'AVAIT PAS SONNÉ ET J'ÉTAIS *TRÈS* EN RETARD.

OH! EXCUSEZ-MOI! JE NE ME SUIS PAS ENCORE PRÉSENTÉ. MON NOM EST STILTON, GERONIMO STILTON, ET JE SUIS LE RÉDACTEUR EN CHEF DE *L'ÉCHO DU RONGEUR*, LE QUOTIDIEN LE PLUS RÉPUTÉ DE L'ÎLE DES SOURIS.

DONC, COMME JE LE DISAIS, J'ÉTAIS EN TRAIN DE **COURIR** QUAND...

VITE! VITE!

CLAC!

SCOUIT!

3

SCOUIT! MA PAUVRE QUEUE!

SCOUIIT! MA PAUVRE PATTE!

SCOUIIIT! MON PAUVRE NEZ!

PAF!

OUPS!

ARRIVÉ AU BUREAU, MES ENNUIS NE FAISAIENT QUE COMMENCER.

GERONIMO, IL Y A UN VISITEUR *TRÈS* IMPORTANT POUR VOUS!

C'ÉTAIT LE CÉLÈBRE CHANTEUR D'OPÉRA RATIDO DOMINGO!

AH! BON MATIN, DR STILTON!

HUM... BON MATIN!!

JE DÉSIRE PUBLIER MA BIOGRAPHIE ET JE VEUX QUE VOUS L'écriviez!

M-MOI?

J'ADMIRE VOS LIVRES ET JE SAIS QUE VOUS SAUREZ TROUVER LES MOTS JUSTES POUR DÉCRIRE MON ART. ÉCOUTEZ...

FUYEZ, OH RATS! DISPARAISSEZ, MOZZARELLA! À L'AUBE, JE SERAI...!

?!?

QU'EN DITES-VOUS, DR STILTON?

CRASH

?!?

JE PROMIS À RATIDO DE RÉFLÉCHIR À SON IDÉE ET JE ME MIS AU TRAVAIL, MAIS JE FUS À NOUVEAU INTERROMPU...

QUI ÇA PEUT BIEN ÊTRE?

DRING DRING DRING

Geronimo!!!

SCOUIT!

C'ÉTAIT MON GRAND-PÈRE HONORÉ TOURNEBOULÉ, SURNOMMÉ « PANZER »...

EUH... ALLÔ GRAND-PÈRE!

Réveille-toi!

AS-TU LU LA GAZETTE DU RAT?

EN FAIT, C'EST LE JOURNAL DE SALLY RASMAUSSEN, LE MIEN S'APPELLE...

JE SAIS PARFAITEMENT COMMENT S'APPELLE LE JOURNAL QUE J'AI FONDÉ!

CE JOURNAL DU RAT A UN ARTICLE SUR LE CONCERT DE RATIDO DOMINGO ET IL N'Y EN A PAS DANS L'ÉCHO DU RONGEUR!

RATIDO? C'EST ÉTRANGE... IL ÉTAIT ICI UN PEU PLUS TÔT.

QUOI? ET TU NE L'AS PAS INTERVIEWÉ?!

QU'EST-CE TU FAIS DANS TON BUREAU, TU DORS? RÉVEILLE-TOOOII!!!

DEBOUT!

DEBOUT!!!

?!?

?!?

DEBOUT!!!

CRASH! CRASH! CRASH!

PETIT-FILS? ES-TU LÀ? QU'EST-CE QUE TU FAIS... ES-TU EN TRAIN DE DORMIR?

APRÈS UNE JOURNÉE COMME CELLE-CI, JE VOULAIS SEULEMENT RENTRER À LA MAISON ET GRIGNOTER DU FROMAGE AVEC DES CRAQUELINS.

AU LIEU DE CELA...

PAR MILLE MIMOLETTES! LE RÉFRIGÉRATEUR EST VIDE!!

HUM!

CheR cousin, je passais paR ici et j'avais faim! La pRochaine fois, pouRRais-tu aussi acheteR de la mozzaRella fRaîche?

MeRci!

TRaQuenaRd

J'ALLAIS VOIR SI UN MAGASIN ÉTAIT OUVERT QUAND...

MON CELLULAIRE?

QUI ÇA PEUT BIEN ÊTRE? J'ESPÈRE QUE CE N'EST PAS ENCORE QUELQU'UN QUI VEUT ME CRIER DANS LES OREILLES!

A-ALLÔ?

ALLÔ, GERONIMO? C'EST AMPÈRE VOLT!

AH! BONSOIR PROFESSEUR!

DÉSOLÉ DE TE DÉRANGER, MAIS TU DOIS VENIR AU LABORATOIRE IMMÉDIATEMENT!

MAINTENANT? À VRAI DIRE, JE...

C'EST UNE URGENCE! LES CHATS PIRATES SONT EN ACTION!

LES CH-CH-CHATS PIRATES?

OUI! LE TEMPOGRAPHE, L'APPAREIL QUE J'AI INVENTÉ POUR SURVEILLER L'HISTOIRE, MONTRE QU'ILS VOYAGENT DANS LE PASSÉ.

D'ACCORD, PROFESSEUR... *J'ARRIVE!* OÙ EST LE LABO AUJOURD'HUI?

TOUT PRÈS! TU N'AS QU'À DESCENDRE AU SOUS-SOL... J'AI PRÉVU LE RESTE!

MON SOUS-SOL?

OUI, ET UNE FOIS QUE TU Y ES...

TU VERRAS UNE ÉNORME ROUE DE FROMAGE CONTRE LE MUR! DERRIÈRE ELLE SE TROUVE UN PASSAGE **SECRET!**

?

DÉPLACE LE FROMAGE, ENTRE DANS LE TROU...

ET BON VOYAGE!

ATTENTION AUX **SECOUSSES!**

?!?

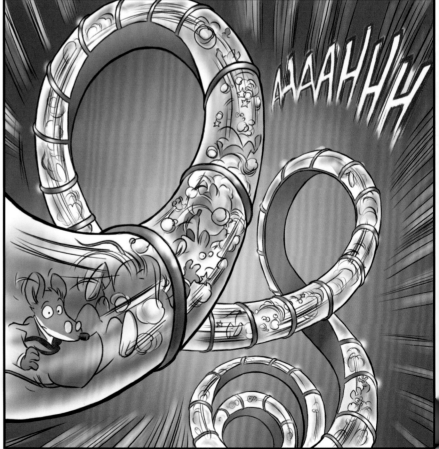

AAAHHH

GERONIMO, RIEN DE CASSÉ?

GLOUP! OÙ SUIS-JE?

DÉSOLÉ POUR LE VOYAGE, MAIS RELIER TON SOUS-SOL À MON LABORATOIRE ÉTAIT LE MOYEN LE PLUS RAPIDE POUR TE FAIRE VENIR ICI!

OU-OUI, BIEN SÛR, JE COMPRENDS...

Oncle Geronimo!

BENJAMIN! TU ES ICI?

ET C'EST AUSSI POURQUOI NOUS SOMMES LÀ!

BONJOUR, ONCLE GER!

TÉA! PANDORA! LE PROFESSEUR VOUS A APPELÉES AUSSI!

J'AI BESOIN DE VOUS TOUS POUR CONTRER LES PLANS DES CHATS PIRATES!

ES-TU PASSÉE PAR CET HORRIBLE TOBOGGAN AUSSI?

NON, TU ES L'UNIQUE CHANCEUX! LES ENFANTS ET MOI AVONS PRÉFÉRÉ LE MÉTRO.

ET OÙ EST TRAQUENARD?

IL N'EST PAS VENU. J'AI TENTÉ DE L'APPELER, MAIS JE NE L'AI PAS TROUVÉ...

PENDANT CE TEMPS...

ZUT! J'ESPÉRAIS QUE GERONIMO AVAIT FAIT SES COURSES!

DITES-NOUS, PROFESSEUR, QUELLE EST LA PROCHAINE DESTINATION DES CHATS PIRATES?

LE TEMPOGRAPHE MONTRE QU'ILS SE RENDENT DANS LA ROME ANTIQUE, EN 80 APRÈS J.-C., PENDANT LE RÈGNE DE L'EMPEREUR *TITUS*!

ROME

SELON LA LÉGENDE, LA VILLE DE ROME FUT FONDÉE VERS 753 AVANT J.-C. PAR ROMULUS, LE PREMIER DES SEPT ROIS (LES AUTRES FURENT, DANS L'ORDRE : NUMA POMPILIUS, TULLUS HOSTILLIUS, ANCUS MARCIUS, TARQUINIUS PIRSCUS, SERVIUS TULLIUS ET TARQUINIUS SUPERBUS). QUAND ELLE DEVINT UNE RÉPUBLIQUE, ROME ÉTENDIT SES LOIS À TRAVERS TOUT LE TERRITOIRE DE LA MER MÉDITERRANÉE ET DEVINT LA PLUS GRANDE PUISSANCE DE CE TEMPS. APRÈS UNE PÉRIODE DE GUERRE CIVILE, GAIUS JULIUS CAESAR OCTAVIUS, LE NEVEU DE JULES CÉSAR, PRIT LE POUVOIR, TRANSFORMA LA RÉPUBLIQUE EN UN EMPIRE ET SE NOMMA LUI-MÊME AUGUSTUS. LA LANGUE OFFICIELLE DE LA ROME ANTIQUE ÉTAIT LE LATIN, MAIS LE GREC ÉTAIT AUSSI PARLÉ COURAMMENT.

ROME

Fantastique! J'AI TOUJOURS RÊVÉ DE VISITER LA ROME ANTIQUE!

SAVEZ-VOUS POURQUOI ILS ONT CHOISI CETTE ANNÉE-LÀ?

BIEN, LE SEUL ÉVÉNEMENT QUI SOIT VALABLE DE MENTIONNER...

...EST L'INAUGURATION DE L'AMPHITHÉÂTRE FLAVIEN, MIEUX CONNU SOUS LE NOM DE COLISÉE!

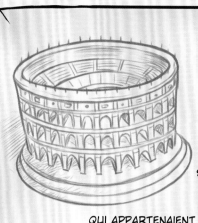

L'AMPHITHÉÂTRE FLAVIEN (MIEUX CONNU SOUS LE NOM DE COLISÉE)

DÉBUTÉ AUTOUR DE 72 APRÈS J.-C. PAR L'EMPEREUR VESPASIEN, L'AMPHITHÉÂTRE FUT ACHEVÉ ET INAUGURÉ AUTOUR DE 80 APRÈS J.-C., SOUS LE RÈGNE DE L'EMPEREUR TITUS. L'AMPHITHÉÂTRE REÇUT LE NOM FLAVIEN EN L'HONNEUR DE VESPASIEN ET DE TITUS, QUI APPARTENAIENT À LA « GENS » FLAVIENS (CELA SIGNIFIE « FAMILLE » EN LATIN). LA DÉRIVATION DU NOM « COLISÉE » – QUI EST L'AMPHITHÉÂTRE LE PLUS CÉLÈBRE À TRAVERS LE MONDE – EST INCERTAINE. D'APRÈS CERTAINS RÉCITS, LE NOM VIENDRAIT DU FAIT QUE, DANS L'ANTIQUITÉ, UNE GIGANTESQUE STATUE DE L'EMPEREUR NÉRON, NOMMÉE LE « COLOSSE DE NÉRON », SE DRESSAIT À PROXIMITÉ. D'UNE HAUTEUR DE 45 MÈTRES, ET AVEC SES TROIS RANGÉES D'ARCADES, LE COLISÉE POUVAIT ACCUEILLIR 50 000 SPECTATEURS. À L'INTÉRIEUR DE CE « CIRQUE ROMAIN », IL Y AVAIT DES JEUX, MAIS AUSSI DES COMBATS DE GLADIATEURS – MÊME DES BATAILLES NAVALES (L'AMPHITHÉÂTRE ÉTAIT ALORS REMPLI D'EAU). DANS LA PARTIE SUPÉRIEURE DE L'AMPHITHÉÂTRE, DES BÂTONS EN BOIS SOUTENAIENT DES TOILES AFIN DE PROTÉGER LES SPECTATEURS DU SOLEIL. SOUS LA PARTIE CENTRALE DE L'AMPHITHÉÂTRE, IL Y AVAIT DES SALLES ET DES CORRIDORS SOUTERRAINS DANS LESQUELS ÉTAIENT CACHÉS LES HOMMES, LES ANIMAUX ET LE MATÉRIEL DESTINÉS AUX JEUX.

LE COLISÉE? QU'EST-CE QUE LES CHATS PIRATES POURRAIENT EN FAIRE?

PEUT-ÊTRE VEULENT-ILS EN FAIRE UNE BOÎTE DE BILLES? HI! HI! HI!

?!?

E-E-EST-CE QUE J'AI TORT OU CE CADEAU VIENT DE PA-PA-PARLER?

JUSTEMENT... CE COLIS EST ARRIVÉ AU BUREAU POUR TOI ET J'AI PENSÉ TE L'APPORTER ICI.

EST-CE QU'UN CHAT PIRATE POURRAIT S'Y CACHER?

GLOUP! UN ESPION... DANS MON LABORATOIRE SECRET!

ALLEZ, GERONIMO! OUVRE-LE!

M-MOI?

SCOUIT-BOU!*

AHHH!

* SURPRISE!

11

HÉ, STILTON*TON*! AS-TU AIMÉ MA P'TITE BLAGUE?

FARFOUIN SCOUIT?!?

PFFF! PFFF!

OUF! C'EST SEULEMENT TON AMI DÉTECTIVE!

HI! HI! HI! IL ADORE JOUER DES TOURS AUX GENS!

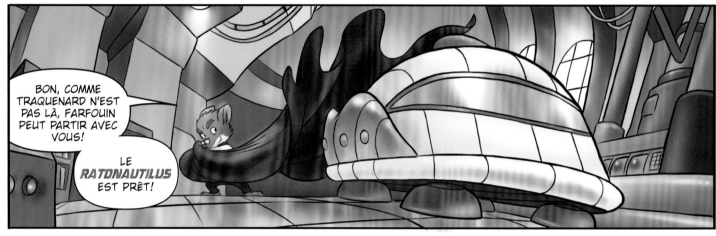

BON, COMME TRAQUENARD N'EST PAS LÀ, FARFOUIN PEUT PARTIR AVEC VOUS!

LE *RATONAUTILUS* EST PRÊT!

PAR MILLE BANA-NETTES! C'EST LA MACHINE À VOYAGER DANS LE TEMPS?

EXACT! VIENS-TU AVEC NOUS?

EST-CE QUE TÉA ACCEPTERA?

IL FAUDRA LUI DEMANDER...

ALORS! ALLEZ-VOUS MONTER À BORD?

JE FERAI TOUT CE QUE TU VOUDRAS TÉA!

IL L'AIME TROP!

DONC...

J'AI DÉPOSÉ DES VÊTEMENTS DE LA ROME ANTIQUE SOUS LES SIÈGES...

ET QUELQUES *SESTERCES*!

SESTERCES

DANS LA ROME ANTIQUE, IL Y AVAIT UNE VARIÉTÉ DE MONNAIES : L'AS, LE SESTERCE (LEQUEL VALAIT DEUX AS ET DEMI), LE DENARIUS (L'ÉQUIVA-LENT DE QUATRE SESTERCES) ET L'AUREUS (LEQUEL VALAIT 25 DENARIUS). L'IMAGE ET L'EXPLOIT LE PLUS SIGNIFICATIF DE CHAQUE EMPEREUR Y ÉTAIENT REPRÉSENTÉS.

MES ÉCOUTEURS SPÉCIAUX POUR PARLER ET COMPRENDRE LES LANGUES DU PASSÉ SONT SUR LE TABLEAU DE BORD!

MERCI! TU VERRAS : NOUS ARRÊTERONS LES chats!

OUI! NOUS SAUVERONS L'HISTOIRE!

DÉCOLLAGE!

ZZZLLLMMAAACCCC

WWOOUMM

ESPÉRONS QU'ILS RÉUSSIRONT ENCORE UNE FOIS!

SWOOUCH

QU'EST-CE QUI SE PASSE?

?!?

TRAQUENARD? TOI, ICI?

POURQUOI SUIS-JE ICI? JE ME SOUVIENS AVOIR CHERCHÉ DE LA NOURRITURE DANS LE SOUS-SOL DE GERONIMO ET D'ÊTRE PASSÉ PAR UN TROU DANS LE MUR...

PARLANT DE CASSE-CROÛTE... VOUS N'AURIEZ PAS QUELQUE CHOSE À GRIGNOTER?

...

PENDANT CE TEMPS, LES CHATS ÉTAIENT DÉJÀ ARRIVÉS DANS LA ROME ANTIQUE...

À TRIBORD, BONZO! SUIS LE TIBRE!

OÙ ÇA, TERSILLA? JE NE PEUX RIEN VOIR DANS CE **BROUILLARD**!

VRRRRR

LE TIBRE

LE TIBRE EST UN FLEUVE AU CENTRE DE L'ITALIE QUI PREND SA SOURCE AU MONT FUMAIOLO, DANS L'APENNIN (RÉGION D'ÉMILIE-ROMAGNE). IL TRAVERSE LA VILLE DE ROME ET SE JETTE DANS LA MER TYRRHÉNIENNE. IL ATTEINT UNE LONGUEUR DE PRÈS DE 400 KILOMÈTRES. À L'ÉPOQUE DE LA ROME ANTIQUE, LE TIBRE ÉTAIT UNE IMPORTANTE VOIE DE COMMUNICATION UTILISÉE POUR LE TRANSPORT DE MARCHANDISE DE LA MER À ROME, ET JUSQU'À L'INTÉRIEUR DES TERRES.

UTILISE LE RADAR DANS CE CAS! MAIS ASSURE-TOI DE NE PAS FRAPPER LES RIVES DU FLEUVE!

D'ACCORD, D'ACCORD! MAIS JE NE COMPRENDS PAS POURQUOI C'EST TOUJOURS MOI QUI CONDUIS!

PARCE QUE JE SUIS CATARDONE, L'EMPEREUR DES CHATS PIRATES ET QU'ELLE, C'EST MA FILLE! N'AS-TU RIEN ENTRE LES DEUX OREILLES?

AILLE! ÇA COMBLE LE VIDE!

MIAOU-TOI,* PAPA CHÉRI! VOILÀ LA CLOACA MAXIMA, LE SYSTÈME D'ÉGOUTS DE LA ROME ANTIQUE. CACHONS-Y LE CATJET!

EURK, DANS LES ÉGOUTS? ÇA NE ME SEMBLE PAS TRÈS DIGNE POUR UN ROI!

SILENCE, BOULE DE POIL!

* CALME-TOI

LA CLOACA MAXIMA

ROME EST LA PLUS ANCIENNE VILLE À AVOIR CONSTRUIT UN RÉSEAU D'ÉGOUTS POUR LES LIQUIDES INDÉSIRABLES. CONSTRUITE PENDANT LE 6E SIÈCLE AVANT J.-C. PAR LES DERNIERS ROIS DE ROME, LA CLOACA MAXIMA A ÉTÉ CREUSÉE SOUS LE NIVEAU DU SOL. À L'ORIGINE, C'ÉTAIT UN CANAL À CIEL OUVERT DANS LEQUEL LES LIQUIDES ÉTAIENT JETÉS. C'EST SEULEMENT PLUS TARD QU'ELLE FUT COUVERTE.

ARRÊTONS ICI, BONZO!

TERSILLA, POURQUOI SOMMES-NOUS DANS LA ROME ANTIQUE?

QUELLE PUANTEUR!

C'EST SIMPLE PAPA CHÉRI... NOUS ALLONS SAISIR LE COLISÉE!

LE COLISÉE? MAIS QU'ALLONS-NOUS FAIRE AVEC LE COLISÉE?

UNE AIRE DE JEUX DE BILLES!

N'AIMERAIS-TU PAS QU'ILS NOMMENT L'AMPHITHÉÂTRE « CATARDONIUS »?

HUMM... À BIEN Y PENSER, ÇA SONNE BIEN!

OUI... POUR UNE AIRE DE JEUX DE BILLES!

SI LE COLISÉE PORTAIT TON NOM, LA LIGNÉE DES CHATS PIRATES SERAIT CÉLÈBRE À TRAVERS LES SIÈCLES!

... ET DANS LES MANUELS DE JEUX DE BILLES!

LA FERME AVEC TON HISTOIRE DE BILLES!

GLOUP!

CONTINUE! J'IMAGINE QUE TU AS DÉJÀ PRÉVU UN PLAN...

OUI, PAPA, J'AI PENSÉ À TOUT! JE TE DONNERAI LES DÉTAILS EN ROUTE!

AH! SI JE N'ÉTAIS PAS LÀ...

ALLEZ! METTONS CES MASQUES DE SOURIS ET DÉGUISONS-NOUS COMME DES ROMAINS DE L'ANTIQUITÉ!

QUELQUES MINUTES PLUS TARD...

PARFAIT! HABILLÉS COMME ÇA, NOUS POUVONS NOUS DÉPLACER INCOGNITO!

ATTENDEZ UNE MINUTE... POURQUOI VOS TUNIQUES SONT ÉLÉGANTES ET LA MIENNE EST MITEUSE?

PARCE QUE CATARDONE ET MOI PRÉTENDRONS ÊTRE DEUX RICHES ROMAINS DES PROVINCES ET QUE TOI, TU TE FERAS EMBAUCHER COMME TRAVAILLEUR AU COLISÉE!

UN TRAVAILLEUR? MAIS JE NE VEUX PAS TRAVAILLER!

TU N'ES QU'UN BRISEUR DE QUEUE!* ARRÊTE TES QUESTIONS ET ALLONS-Y!

AH!

* PLAIGNARD

16

QUELLE CIRCULATION! JE N'AURAIS JAMAIS CRU QUE ROME ÉTAIT SI POPULAIRE!

ARRÊTE TES LAMENTATIONS, BONZO, NOUS Y SOMMES!

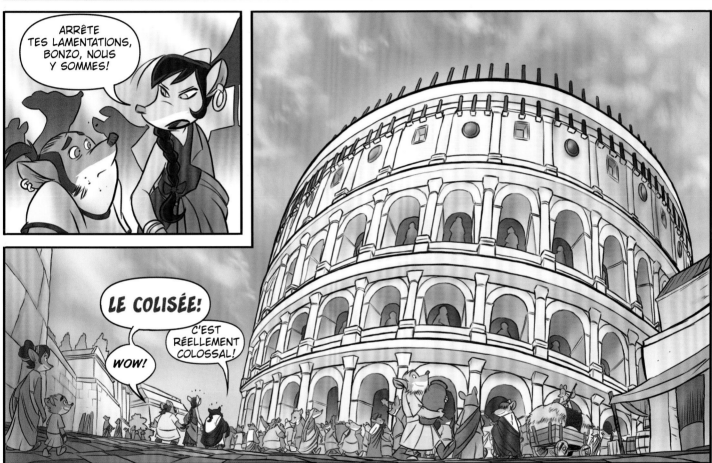

LE COLISÉE!

WOW!

C'EST RÉELLEMENT COLOSSAL!

MAINTENANT QUE NOUS Y SOMMES, QUE FAISONS-NOUS?

BONZO VA SE FAIRE EMBAUCHER COMME TRAVAILLEUR PENDANT QUE NOUS ALLONS TROUVER L'EMPEREUR TITUS!

NOUS DEVIENDRONS SES AMIS ET NOUS SERONS INVITÉS À L'INAUGURATION DU COLISÉE!

HÉ! HÉ! HÉ! ET ENSUITE, QU'AS-TU EN TÊTE, TERSILLA?

JE DOIS VRAIMENT TOUT T'EXPLIQUER, HEIN?

HUM... NON, J'AI COMPRIS TON PLAN... BONZO, VOYONS SI TU LE CONNAIS AUSSI!

?

HUM, VOYONS VOIR... PENDANT L'INAUGURATION, JE VAIS PRÉTENDRE ATTAQUER L'EMPEREUR...

ALORS, CATARDONE POURRA FAIRE SEMBLANT DE LE SAUVER ET, EN RETOUR, IL DEMANDERA À TITUS DE NOMMER LE COLISÉE EN SON HONNEUR!

POURQUOI ME REGARDES-TU DE CETTE FAÇON, TERSILLA? EST-CE QUE J'AI DIT QUELQUE CHOSE DE RATICULE*?

* RIDICULE

NON, NON, C'EST EXACTEMENT LE PLAN! JE SUIS SURPRISE QUE TU L'AIES COMPRIS PAR TOI-MÊME!

DONC, EST-CE QUE JE PEUX ÊTRE UN RICHE ROMAIN?

NE SOIS PAS BÊTE COMME TES PATTES*, BONZO, TU DOIS ÊTRE AU COLISÉE ET TROUVER UN TRAVAIL POUR ATTAQUER TITUS!

*NE FAIS PAS L'IDIOT

UN PEU PLUS TARD...

NOM ET ADRESSE.

CAIUS BONZUS. ADRESSE... CLOACA MAXIMA!

BIEN, BONZO A ÉTÉ EMBAUCHÉ! NOUS POUVONS ALLER AU PALAIS IMPÉRIAL!

ARRÊTEZ! ARRÊTEZ! C'EST UNE ERREUR!

PARDONNEZ LA MALADRESSE DE MON PÈRE! IL N'AVAIT NULLE INTENTION DE VOUS IMPORTUNER!

QUI ÊTES-VOUS?

MON NOM EST LICINIA SOURILLA ET IL SE NOMME CATARDONIUS CATARDICUS. NOUS VENONS D'UNE NOBLE FAMILLE VIVANT À ALEXANDRIE, EN ÉGYPTE!

ALEXANDRIE? CETTE VILLE EST TRÈS CHÈRE À MA FAMILLE... MON PÈRE Y ÉTAIT QUAND IL FUT CHOISI EMPEREUR!

OH! JE LE SAIS! JE LE SAIS TRÈS BIEN!

PRÉTORIENS! LAISSEZ PARTIR CE RONGEUR!

À VOS ORDRES, EMPEREUR!

OUF!

LES PRÉTORIENS

LA GARDE PRÉTORIENNE A ÉTÉ ORGANISÉE PAR L'EMPEREUR AUGUSTUS (QUI A RÉGNÉ DE 27 AVANT J.-C. À 14 APRÈS J.-C.) ET DÉFINITIVEMENT FONDÉE PAR TIBERIUS (QUI A RÉGNÉ DE 14 APRÈS J.-C. À 37 APRÈS J.-C.). LA TÂCHE PRINCIPALE DE LA GARDE PRÉTORIENNE ÉTAIT DE PROTÉGER L'EMPEREUR, MAIS ELLE EFFECTUAIT ÉGALEMENT DES TÂCHES ADMINISTRATIVES ET DES MISSIONS SECRÈTES.

DITES-MOI, QU'EST-CE QUI VOUS AMÈNE À ROME?

NOUS SOMMES ICI POUR L'INAUGURATION DE L'AMPHITHÉÂTRE!

VOUS AVEZ ENTREPRIS UN LONG ET ÉREINTANT VOYAGE. VOTRE CURIOSITÉ MÉRITE D'ÊTRE RÉCOMPENSÉE!

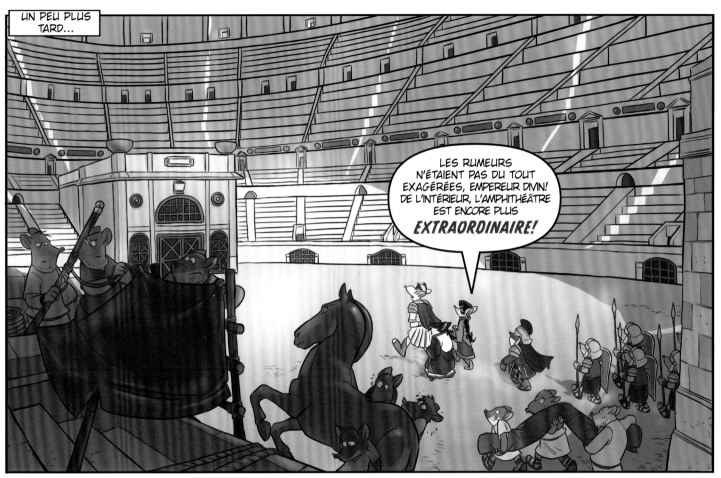

UN PEU PLUS TARD...

LES RUMEURS N'ÉTAIENT PAS DU TOUT EXAGÉRÉES, EMPEREUR DIVIN! DE L'INTÉRIEUR, L'AMPHITHÉÂTRE EST ENCORE PLUS **EXTRAORDINAIRE!**

LE MÉRITE LUI REVIENT : FLAVIANUS RATICUM!

AVE*, TITUS!

* BONJOUR EN LATIN

VOUS ÊTES TRÈS GÉNÉREUX! MAIS LES ÉLOGES DEVRAIENT ALLER AUX TRAVAIL-LEURS!

SANS LEURS COMPÉTENCES, RIEN N'AURAIT ÉTÉ POSSIBLE!

MÊME LES NOUVEAUX SE SONT BIEN COMPORTÉS?

OUI! CHACUN D'EUX, SAUF UN ÉTRANGE RONGEUR ARRIVÉ CE MATIN!

?!?

21

PENDANT LA PAUSE, IL A SCULPTÉ DES PETITES SPHÈRES DANS LA PIERRE ET IL S'EST MIS À *jouer* AVEC ELLES!

IL EST LÀ! IL N'Y A AUCUN MOYEN DE L'ARRÊTER

PEU IMPORTE, VOUS SEREZ EN MESURE D'INAUGURER L'AM-PHITHÉÂTRE CETTE SEMAINE, COMME PRÉVU!

EXCELLENT! ROME ATTEND L'INAUGURATION AVEC IMPATIENCE!

CATARDONIUS, LICINIA, VENEZ... PENDANT QUE NOUS ATTENDONS LE GRAND JOUR, JE SERAIS HEUREUX DE VOUS ACCUEILLIR AU PALAIS

MERCI, EMPEREUR!

SI TU NE CESSES PAS DE JOUER AUX BILLES, JE T'ARRACHERAI LA FOURRURE,* BOULE DE POILS!

AÏE!

BANG!

* DONNERAI UNE LEÇON

22

FINALEMENT, NOUS ARRIVÂMES AUSSI DANS LA ROME ANTIQUE...

ENCORE QUELQUES BRANCHES SÈCHES ET LE RATONAUTILUS SERA COMPLÈTEMENT CAMOUFLÉ!

EST-CE QUE CE BUISSON CONVIENT, TÉA?

REGARDE BIEN : C'EST DE L'ORTIE! ET ENLÈVE CETTE CHOSE DE TA TÊTE! À CETTE ÉPOQUE, LES CHAPEAUX N'EXISTAIENT MÊME PAS!

JE GARDE MON CHAPEAU; C'EST UN PRÉSENT DE MA GRAND-MÈRE. MAIS SI TU ME DEMANDES DE LE FAIRE...

HI! HI!

BIEN JOUÉ! ET MAINTENANT, ALLONS-Y! LES CHATS PIRATES SONT DÉJÀ ASSEZ EN AVANCE SUR NOUS!

LES POURSUIVRE DANS UNE VILLE AUSSI GRANDE QUE ROME NE SERA PAS FACILE!

PEUT-ÊTRE SERAIT-IL MIEUX DE NOUS DIVISER EN PETITS GROUPES POUR CHERCHER!

BIEN DIT! GERONIMO ET TOI IREZ AU COLISÉE : SON INAUGURATION EST NOTRE SEULE PISTE!

ENTRE-TEMPS, LES ENFANTS ET MOI INSPECTERONS LA VILLE.

UN PEU PLUS TARD...

ON SE RETROUVE CE SOIR AU COLISÉE!

ENTENDU! CIAO!

ELLE EST VRAIMENT *belle*, HEIN?

TOUT À FAIT! C'EST UNE VILLE FASCINANTE!

HI! HI! HI! À QUOI PENSAIS-TU STILTON*TOU*? JE PARLAIS DE TÉA!

AHH... CERTAINE-MENT. MA SŒUR EST UNE RONGEUSE FASCINANTE!

UNE DEMI-HEURE PLUS TARD, DEVANT LE COLISÉE...

COMMENT POUVONS-NOUS CHERCHER SANS NOUS FAIRE REPÉRER?

NOUS POURRIONS ÊTRE EMBAUCHÉS À L'AMPHITHÉÂTRE! CE SERA PLUS FACILE DE GARDER UN ŒIL SUR LA SITUATION DE L'INTÉRIEUR!

TU AS RAISON! ALLONS DEMANDER À CE RONGEUR S'IL Y A DES EMPLOIS!

BONJOUR, MON NOM EST STILTONIUS, GERONIMUS STILTONIUS, ET C'EST MON AMI, FARFOUINIUS SCOUITIUS. NOUS AIMERIONS...

SI VOUS CHERCHEZ UN TRAVAIL, ILS SONT TOUS PRIS!

OH, NON! ET MAINTENANT?

LUCIUS, AI-JE BIEN ENTENDU? CES DEUX-LÀ SOUHAITENT TRAVAILLER?

OUI, RATICUM!

VOUS SEMBLEZ ÊTRE DE FORTS RONGEURS! VOUS FEREZ L'AFFAIRE!

VENEZ AVEC MOI!

MERCI!

J'AIMERAIS QUE VOUS REMPLACIEZ CAIUS BONZUS! AU LIEU DE TRAVAILLER, IL PASSE LA JOURNÉE À JOUER AUX BILLES!

?!?

JE JOUERAIS BIEN AUX BILLES AUSSI!

IL N'A QU'À VOUS EXPLIQUER CE QU'ÉTAIT SON TRAVAIL!

JE NE SAVAIS PAS QUE LES ROMAINS JOUAIENT AUX **BILLES**!

QUI SAIT?

HUM... AVE!

AVE!

!!!

AAAAAAAAAAHHH!

QU'EST-CE QU'IL A?

JE NE SAIS PAS. CE RONGEUR EST TRÈS ÉTRANGE!

ÉTRANGE! C'EST COMME SI...

FARFOUIN?

OÙ ES-TU, FARFOUIN?

HÉ! HÉ! HÉ!

!!!

VITE! VITE!... GE-GE-GERONIMO STILTON! JE DOIS AVERTIR TERSILLA ET CATARDONE IMMÉDIATEMENT!

PENDANT CE TEMPS, TÉA, BENJAMIN ET PANDORA...

QUE CE *marché* EST POPULAIRE!

CETTE BALADE M'A DONNÉ UNE FAIM *DE CHAT*!

MOI! AUSSI!

QUE PENSERIEZ-VOUS DE PRENDRE UN REPAS DANS UNE TAVERNE... HEIN?

SENTEZ-VOUS CETTE ODEUR?

BEURK! ÇA PUE LE *HARENG!*

LE HARENG DE LA MER GATTICO POUR ÊTRE PRÉCISE! ET OÙ IL Y A CETTE SENTEUR, IL Y A SOUVENT UN CHAT!

ÉTRANGE. J'AI SENTI CETTE ODEUR QUAND CETTE MATRONE EST PASSÉE PRÈS DE MOI!

JE SOUPÇONNE QUE...

LES MATRONES

DANS LA ROME ANTIQUE, LES DAMES ÉTAIENT APPELÉES MATRONES. SELON LA LOI, LES FEMMES ÉTAIENT FINANCIÈREMENT DÉPENDANTES DE LEUR PÈRE, DE LEUR MARI, OU DE LEUR PROCHE PARENT MASCULIN. ELLES N'AVAIENT AUCUN DROIT MAIS ELLES ÉTAIENT TRÈS RESPECTÉES ET ÉCOUTÉES PAR LEUR FAMILLE.

PEUT-ÊTRE QUE ROME N'EST PAS AUSSI GRANDE QUE NOUS LE CROYIONS APRÈS TOUT. SUIVONS-LA!

NOUS DEVONS VEILLER À NE PAS NOUS FAIRE REMARQUER!

27

HÊ! OÙ EST-ELLE PASSÉE?

?!?

ME VOILÀ!

PSHITT!

QUELLE *PUANTEUR*! MAIS... CE N'EST PAS LA MÊME ODEUR... JE ME SENS FAIBLIR...

KEUH!
KEUH!
KEUH!

HÊ! HÊ! HÊ...

C'ÉTAIT UNE BONNE IDÉE D'APPORTER CETTE ESSENCE DE PUTOIS POUR ÉTOURDIR CES FOUINEURS! JE SUIS TRÈS CURIEUSE DE DÉCOUVRIR QUI ILS SONT!

AH NON? C'EST IMPOSSIBLE : LES AMIS DE GERONIMO STILTON!

COMMENT FONT-ILS POUR TOUJOURS SAVOIR OÙ NOUS SOMMES!

HEIN? QUELQU'UN VIENT!

VITE... VITE...

BONG

BONZO?!

TER-TERSILLA?!

QUE FAIS-TU ICI? POURQUOI N'ES-TU PAS AU COLISÉE?

POUR VOUS AVERTIR D'UN GRAND DANGER! STILTON...

OUI, JE SAIS! LA FAMILLE STILTON EST À ROME!

GLOUP! TU AS FAIT DU BON TRAVAIL AVEC CES TROIS-LÀ!

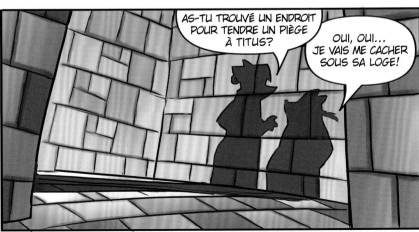

AS-TU TROUVÉ UN ENDROIT POUR TENDRE UN PIÈGE À TITUS?

OUI, OUI... JE VAIS ME CACHER SOUS SA LOGE!

PARFAIT!

COMMENT SE FAIT-IL QUE TU NE SOIS PAS AVEC CATARDONE?

ILS REMPLISSAIENT MES OREIL-LES* AU PALAIS! CATARDONE ET TITUS N'AVAIENT RIEN D'AUTRE À FAIRE QUE SE SOUVENIR...

* JE M'ENNUYAIS

...DES EXPLOITS HÉROÏQUES DE LEUR JEUNESSE

J'AI DÉJÀ ATTAQUÉ UN NAVIRE AVEC UN SOUS-MARIN!

QU'EST-CE QU'UN SOUS-MARIN?

QUE FAISONS-NOUS DE CES TROIS-LÀ?

TROUVE DE LA CORDE ET UN CHAR ET EMMÈNE-LES AU CATJET!

UN CHAR

ÉTAIT UN PETIT CHARIOT À DEUX ROUES TIRÉ PAR DEUX CHEVAUX. LORSQU'IL ÉTAIT TIRÉ PAR QUATRE CHEVAUX, IL S'APPELAIT UN QUADRIGE. EN PLUS D'ÊTRE UTILISÉS POUR LE TRANSPORT, LES CHARS ÉTAIENT UTILISÉS DANS LES COURSES AU COLISÉE.

HÊ! HÊ! HÊ! CETTE FOIS, JE TE TIENS, GERONIMO STILTON!

CE SOIR-LÀ...

TU ES VRAIMENT NUL AUX BILLES! JE GAGNE À CHAQUE FOIS!

CE N'EST PAS DE MA FAUTE. QUAND JE FRAPPAIS LES BILLES DE **PIERRE**, J'AVAIS MAL AUX DOIGTS!

LE COMPORTEMENT DE CAIUS BONZUS T'A-T-IL PARU BIZARRE?

OUIOUIOUI... DÈS QU'IL NOUS A VU, IL A DISPARU!

ET S'IL ÉTAIT L'UN DES CHATS PIRATES DÉGUISÉS EN RON-GEUR!

QUOI!!?

MAIS...DANS CE CAS, ON DOIT LE RETROUVER!

???

S'IL ÉTAIT ICI, C'EST QUE LES CHATS PIRATES VONT VISER LE **COLISÉE**. ILS REVIENDRONT!

FARFOUIN, ÉCOUTE! : « STILTON, TA SŒUR ET LES ENFANTS SONT NOS PRISONNIERS! SI TU VEUX LES REVOIR SAINS ET SAUFS, NE POINTE PAS TON MUSEAU À L'INAUGURATION DU COLISÉE! SIGNÉ : *LES CHATS PIRATES!* »

PAR MILLE BANANETTES!

VITE, STILTONITOU! NOUS DEVONS ARRÊTER CE CHAR!

PFFF! NOUS NE POUVONS LES RATTRAPER À PIED!

!

SAUTE À BORD, STILTON*ITOU*!

MAIS... MAIS... ON NE PEUT PAS LE VOLER!

NOUS NE LE VOLONS PAS, NOUS L'EMPRUNTONS! *HUE!*

MON CHAR! AUX VOLEURS! AUX VOLEURS!

PLUS VITE, FARFOUIN!

CES RONGEURS NE SERONT PLUS UN OBSTACLE!

TOUT VA BIEN, STILTON*TOU*?

PRESQUE...

MON CHAR! MON CHAR!

OH! OH!

NOUS DEVONS LUI REMBOURSER SON CHAR!

LAISSE-LUI QUELQUES SESTERCES, PUIS... *FILONS!*

PLUS TARD, DANS UNE TAVERNE...

TAVERNE DU RAT

SNIFF! COMMENT RAMÈNERONS-NOUS TÉA, BENJAMIN ET PANDORA?

TAVERNE

DANS LA ROME ANTIQUE, IL Y AVAIT PLUSIEURS TAVERNES, SOUVENT SITUÉES DANS LES PIRES QUARTIERS, OÙ ÉTAIENT SERVIS DES PLATS CONTENANT DE LA POLENTA, DE L'ORGE ET DES LÉGUMES. PRÈS DES TAVERNES, IL Y AVAIT AUSSI DES THERMOPOLIUMS, DES ENDROITS OÙ ON POUVAIT ACHETER DE LA NOURRITURE CHAUDE ET L'EMPORTER, COMME DANS UNE CANTINE MODERNE.

NE PLEURE PAS, STILTON*TOU*!

MANGE TA SOUPE AUX choux...

JE N'AI PAS FAIM!

CETTE SOUPE N'EST PEUT-ÊTRE PAS TRÈS BONNE, MAIS SI TU VEUX SAUVER TÉA ET LES ENFANTS, TU DOIS MANGER!

LES SAUVER? COMMENT? NOUS NE SAVONS PAS OÙ LES CHATS PIRATES LES TIENNENT PRISONNIERS!

C'EST VRAI, MAIS IL EST CLAIR DANS LEUR LETTRE QUE CES CANAILLES VONT AGIR LE JOUR DE L'INAUGURATION!

SI NOUS AVIONS RÉUSSI À VOIR LES PASSAGERS DU CHAR, NOUS POURRIONS LES RECONNAÎTRE!

COMBLE DE MALHEUR, CAILIS BONZUS S'EST ENFUI!

JE CROIS QUE LES CHATS PIRATES ONT L'AVANTAGE SUR NOUS.

HUM... OUI!

NOUS SOMMES DANS DE **BEAUX** DRAPS?

J'EN AI BIEN PEUR!

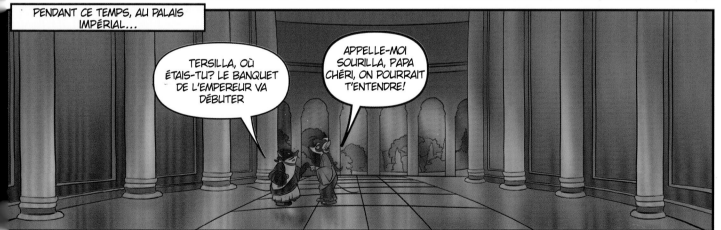

PENDANT CE TEMPS, AU PALAIS IMPÉRIAL...

TERSILLA, OÙ ÉTAIS-TU? LE BANQUET DE L'EMPEREUR VA DÉBUTER

APPELLE-MOI SOURILLA, PAPA CHÉRI, ON POURRAIT T'ENTENDRE!

35

TOUT SE PASSE BIEN AVEC TITUS?

HO! OUI! NOUS SOMMES INSÉPARABLES!

CE MATIN, JE L'AI MÊME ACCOMPAGNÉ AUX THERMES... UN ENDROIT TERRIBLE POUR UN CHAT!

LES THERMES

DANS LA ROME ANTIQUE, LES THERMES ÉTAIENT DES ÉTABLISSEMENTS PUBLICS ÉQUIPÉS DE SALLES DE BAINS. ILS ÉTAIENT FRÉQUENTÉS PAR TOUS LES CITOYENS. EN PLUS DE NOMBREUSES PISCINES POUR PRENDRE UN BAIN, AVEC DE L'EAU CHAUDE OU FROIDE, IL Y AVAIT DES VESTIAIRES, DES SAUNAS, DES GYMNASES, ET, DANS LES PLUS LUXUEUX, DES THÉÂTRES ET DES BIBLIOTHÈQUES.

EN PREMIER, ILS ONT VOULU ME BOUILLIR DANS UN TYPE DE SAUNA...

PUIS, JE ME SUIS PRESQUE NOYÉ DANS UNE PISCINE REMPLIE D'EAU...

ET FINALEMENT, UN MASSEUR A ESSAYÉ DE ME DÉTRUIRE LE DOS!

J'ÉTAIS COMME UNE LOQUE, ILS ONT DÛ ME TRANSPORTER DANS UNE CHAISE À PORTEURS JUSQU'AU PALAIS.

ET... RIEN D'AUTRE NE S'EST PASSÉ?

HA! OUI! JE L'AI PRESQUE OUBLIÉ! TITUS A PROPOSÉ QUE JE DEVIENNE SÉNATEUR!

SÉNATEUR! MAIS C'EST UN POSTE TRÈS PRESTIGIEUX!

LE SÉNAT

ÉTAIT LA PLUS IMPORTANTE ASSEMBLÉE DANS LA ROME ANTIQUE. LE TERME « SÉNAT » EST DÉRIVÉ DU MOT LATIN « SENATUS », LEQUEL SIGNIFIE « ÂGE ». EN EFFET, IL ÉTAIT RECONNU QUE LES VIEILLES PERSONNES AVAIENT L'EXPÉRIENCE NÉCESSAIRE POUR PRENDRE DES DÉCISIONS IMPORTANTES! POUR CETTE RAISON, POUR DEVENIR SÉNATEUR, EN PLUS D'AVOIR DE NOBLES ORIGINES, LA PERSONNE DEVAIT AVOIR PLUS DE 43 ANS.

BON TRAVAIL, PAPA CHÉRI! ÉCOUTE, J'AI AUSSI DES NOUVELLES...

BRIÈVEMENT...

AS-TU PEUR QUE STILTON VIENNE GÂCHER MON... HUM, NOTRE... PLAN?

NON, IL N'OSERA PAS S'APPROCHER DU COLISÉE AUSSI LONGTEMPS QUE NOUS TENONS SES AMIS EN OTAGE!

PAR SÉCURITÉ, J'AI ORDONNÉ À BONZO DE MONTER LA GARDE PRÈS DU CATJET!

MAIS... JE CROYAIS QU'IL DEVAIT TRAVAILLER DANS L'AMPHITHÉÂTRE!

C'EST MIEUX QU'IL RESTE CACHÉ POUR LE MOMENT : STILTON POURRAIT LE RECONNAÎTRE! IL VIENDRA À L'INAUGURATION DU COLISÉE!

J'ESPÈRE QU'IL NE FERA PAS L'IMBÉCILE DANS LE CATJET!

VOYONS, PAPA CHÉRI! BIEN SÛR QUE NON!

« ... IL N'A QU'À GARDER LES YEUX OUVERTS! »

ZZZZZ

ZZZZZ Z

LE JOUR SUIVANT, FARFOUIN ET MOI MARCHIONS DANS ROME, INDÉCIS DU PLAN À SUIVRE...

NOUS DEVONS ABSOLUMENT TROUVER UNE FAÇON DE SAUVER TÉA ET LES ENFANTS...

ET DE DÉJOUER LE PLAN DES CHATS PIRATES!

EN EFFET!

37

PAR MILLE BANANETTES! AS-TU VU LE NOMBRE DE RONGEURS DEVANT LE COLISÉE?

ILS SONT ICI POUR L'INAUGURATION! QUELLE FOULE!

IL DOIT Y AVOIR UNE SOLUTION!

PEUT-ÊTRE QU'ON PEUT PIÉGER LES CHATS PIRATES DEVANT LE COLISÉE...

...ET LES FORCER À NOUS DIRE OÙ SONT NOS AMIS!

OUAIS...

ILS PORTENT DES MASQUES DE SOURIS. IL SERA DIFFICILE DE LES RECONNAÎTRE!

STILTONIUS! SCOUITIUS! QUEL PLAISIR DE VOUS VOIR!

HUM... AVE, ARCHITECTE RATICUM!

AVE!

ÊTES-VOUS ICI POUR L'INAUGURATION?

BIEN, AUSSI...

ET CAIUS BONZIUS? AVEZ-VOUS DE SES NOUVELLES? JE NE L'AI PAS VU DEPUIS HIER!

POUR DIRE VRAI...

PAUVRE LUI, J'ESPÈRE QU'IL N'EST PAS MALADE...IL DISAIT QU'IL HABITAIT À LA CLOACA MAXIMA...ET C'EST PLUTÔT MALSAIN D'Y VIVRE...

!?

!?

BONZUS HABITE DANS LA CLOACA **MAXIMA**?!?

OUI, C'EST L'ADRESSE QU'IL A DONNÉE À SON EMBAUCHE!

IL EST TRÈS ÉTRANGE POUR UNE SOURIS! PARMI TOUS LES ENDROITS, IL A CHOISI LE PLUS...

MAIS... OÙ SONT-ILS PASSÉS?

COURS, STILTONITOU! COURS!

AU MÊME MOMENT, AU PALAIS...

SEULEMENT QUEL-QUES HEURES AVANT QUE LE COLISÉE SOIT MIEN!

NÔTRE, PAPA CHÉRI, NÔTRE!

QUAND BONZO PRÉTENDRA ATTAQUER L'EMPEREUR, JE TE SUGGÈRE D'ÊTRE LE PREMIER À PRENDRE SA DÉFENSE!

JE SERAI L'ULTIME DÉFENSEUR! BONZO NE M'ÉCHAPPERA PAS!

NE LE BLESSE PAS, FAIS-LE SEULEMENT FUIR!

ZUT! MÊME PAS UN COUP SUR LE BOUT DE SA QUEUE?

MÊME PAS!

FINALEMENT, NOUS ARRIVÂMES À LA CLOACA MAXIMA.

PAR LÀ!

BRRR... CET **EGOUT** ME DONNE LA FROUSSE!

SANS PARLER DE CETTE puanteur!

REGARDE PAR ICI, STILTON/TOU!

CE DOIT ÊTRE LA MACHINE À VOYAGER DANS LE TEMPS DES CHATS PIRATES! TU AS BIEN FAIT DE SOUPÇONNER CAIUS BONZUS!

SOYONS DISCRETS!

JE SERAI AUSSI DISCRET QU'UNE SOURIS!

PAR CHANCE, IL NE SEMBLE Y AVOIR PERSONNE DANS LES PARAGES!

BANG!

!

TÊA?!?

FARFOUIN?!?

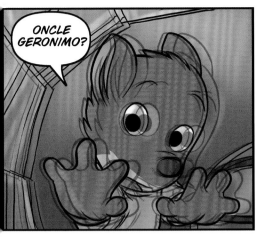

ONCLE GERONIMO?

HEIN?

BENJAMIN, JE SUIS SI CONTENT DE TE REVOIR!

MOI AUSSI, MON ONCLE!

DÉSOLÉ POUR LE COUP, PETIT FRÈRE. J'AI CRU QUE C'ÉTAIT LES CHATS PIRATES!

ÇA VA! L'IMPORTANT C'EST QUE VOUS SOYEZ SAINS ET SAUFS!

DIS-MOI, PANDORA, COMMENT VOUS ÊTES-VOUS LIBÉRÉS?

TÉA A TOUT LE MÉRITE. ELLE A RASSEMBLÉ NOS CORDES ET MIS À L'ÉCART CETTE TÊTE DE FROMAGE!

CE FUT FACILE. IL DORMAIT!

CELÀ DIT, OÙ EST-IL?

ICI!

MMMMM!

NE PERDONS PAS UN INSTANT! ALLONS AU COLISÉE! LES CHATS PIRATES VONT SE METTRE À L'ŒUVRE!

D'ABORD, INTERROGEONS CETTE CANAILLE POUR CONNAÎTRE LEUR PLAN!

C'EST FAIT! JE L'AI QUESTIONNÉ LORSQUE JE L'ATTACHAIS!

RAPIDEMENT, TÉA NOUS MIT AU COURANT DES MANIGANCES DES CHATS...

SANS LEUR COMPLICE, TERSILLA ET CATARDONE NE PEUVENT MENER LEUR PLAN À EXÉCUTION...

EXACT, MAIS NOUS NE POUVONS COMPTER LÀ-DESSUS! TERSILLA POURRAIT IMPROVISER UN AUTRE PLAN! IL EST PRÉFÉRABLE D'ALLER AU COLISÉE ET DE LES DÉMASQUER!

ET QUE FAISONS-NOUS DE BONZO?

JE PROPOSE DE LE LAISSER ICI!

OUI! MAIS D'ABORD, JE VEUX VÉRIFIER COMMENT...

SCOUIT!

GNAC!

DÉPÊCHONS-NOUS! NOUS DEVONS L'ARRÊTER AVANT QU'IL SE LIBÈRE!

VAS-Y, STILTONITOU!

AARRGGLL!

PENDANT CE TEMPS, AU COLISÉE, TOUT LE MONDE ATTENDAIT L'ENTRÉE DE L'**EMPEREUR** AINSI, LES CENT JOURS DE SPECTACLES ANNONCÉS POUR CÉLÉBRER LA CONSTRUCTION POURRAIENT COMMENCER!

TITUS!
TITUS!
TITUS!
TITUS!
TITUS!
TITUS!
TITUS!
TITUS!
TITUS!

L'INAUGURATION DU COLISÉE

FUT UN ÉVÈNEMENT MÉMORABLE DANS L'HISTOIRE ROMAINE. TITUS AVAIT COMMANDÉ UNE CENTAINE DE JOURS DE SPECTACLES, LESQUELS DIVERTISSAIENT LA POPULATION DU MATIN AU SOIR. L'EMPEREUR NE VOULAIT PAS SEULEMENT DONNER DU PRESTIGE À SON NOM DE FAMILLE, IL SOUHAITAIT AUSSI L'AFFECTION DE SON PEUPLE.

CE JOUR S'INSCRIRA DANS L'HISTOIRE!

BIEN SÛR, CHER TITUS, MAIS PAS COMME TU LE CROIS.

SOIS PRÊT POUR COURIR À LA DÉFENSE DE L'EMPEREUR!

JE SERAI LE PREMIER À FAIRE LE SAUT!

ESPÉRONS QUE BONZO ARRIVE À TEMPS ET QU'IL N'Y AURA PAS D'AUTRES IMPRÉVUS

LE PREMIER! LE PREMIER!

À CE MOMENT, BONZO...

VITE! VITE!

VITE!

REGARDEZ! IL GRIMPE SUR LE MUR!

VOICI L'ENTRÉE DE MA LOGE!

PFF... PFF...

!?

LES... S-S-STI... STIL...

RATICUM, QUE FAIT CE TRAVAILLEUR ICI?

JE NE SAIS PAS...

POURQUOI PORTE-T-IL ENCORE SON MASQUE DE SOURIS?

À L'ATTAQUE!

ATTENDS!

!?

BOING!

GLOUP!

QUEL IDIOT!

POURQUOI VOTRE PÈRE A-T-IL SAUTÉ AINSI?

TOUT EST SI ÉTRANGE...

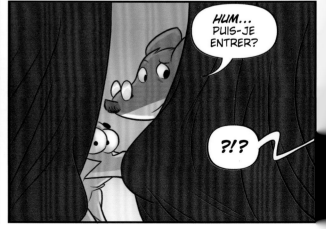

HUM... PUIS-JE ENTRER?

?!?

BIEN, RATICUM! POUVEZ-VOUS ME DIRE CE QUE TOUS CES RONGEURS FONT ICI?

VRAIMENT, JE...

GLOUP! GERONIMO STILTON?!?

HO! HO!

PARDONNEZ MON INTRUSION, EMPEREUR... MAIS JE DOIS DÉMASQUER CES IMPOSTEURS!

MIAOU!

PAR LA BARBE DE JUPITER! CATARDONIUS EST... EST... UN CHAT!?!

COMMENT EST-CE POSSIBLE?

SA FILLE SOURILLA ET CAIUS BONZUS LE SONT AUSSI!

GRRRR... VOUS NE NOUS AUREZ PAS AUSSI FACILEMENT!

ILS SE SAUVENT!

HOP!

MIAOUUU!

POUF!

45

INCROYABLE! ILS SE SONT ENCORE SAUVÉS!

ILS SE SONT ENFUIS SOUS NOTRE NEZ!

TU AS GAGNÉ, STILTON! MAIS TÔT OU TARD, NOUS NOUS REVERRONS!

VINT LA FIN DE NOTRE AVENTURE. ENCORE UNE FOIS, NOUS AVONS EMPÊCHÉ LES CHATS PIRATES DE CHANGER L'HISTOIRE!

TOUT EST DE TA FAUTE, BONZO! SI JE T'ATTRAPE, JE REDESSINE LES TACHES SUR TA FOURRURE!*

MAIS, TERSILLA, JE...

*DONNER UNE LEÇON!

OMETTANT LES DÉTAILS DE NOTRE VOYAGE DANS LE TEMPS, J'EXPLIQUAI À L'EMPEREUR TOUTE LA VÉRITÉ À PROPOS DES RÉELLES INTENTIONS DE CATARDONIUS, SOURILLA, ET CAIUS BONZUS!

VOICI L'HISTOIRE!

QUELLE IMPOSTURE!

L'EMPEREUR ÉTAIT SI RECONNAISSANT DE NOTRE COURAGE QU'IL NOUS INVITA À REGARDER L'INAUGURATION DU COLISÉE DE SA LOGE...

...ET IL VOULUT QUE NOUS SOYONS SES INVITÉS D'HONNEUR AU GRAND BANQUET!

LE LENDEMAIN, NOUS SALUÂMES NOS AMIS. APRÈS AUTANT DE DANGER...

ADIEU, LES AMIS!

...NOUS AVIONS HÂTE DE RETOURNER À LA MAISON!

VOUS VOILÀ!

Geronimo!

PROFESSEUR VOLT!

VAS-Y! DIS-MOI TOUT!

VOUS N'EN CROIREZ PAS VOS OREILLES!

PLUS TARD...

HUM... QUI SAIT SI TITUS AURAIT CONSENTI AU DÉSIR DES CHATS PIRATES DE NOMMER LE COLISÉE AU NOM DE CATARDONIUS...

NOUS NE LE SAURONS JAMAIS!

DE TOUTE FAÇON, JE SUIS CERTAINE QUE CES TÊTES DE FROMAGE REVIENDRONT BIENTÔT!

EXACT!

EN ATTENDANT, IL Y A UNE AUTRE MISSION QUE J'AIMERAIS VOUS CONFIER!

UNE AUTRE?

MAIS NOUS VENONS D'ARRIVER!

HO! NON! DÉSOLÉ, C'EST UN MALENTENDU. CE N'EST PAS À PROPOS DES CHATS PIRATES... MÊME SI C'EST UNE OPÉRATION AUSSI DÉLICATE!

ALLEZ, PROFESSEUR! NE NOUS FAITES PAS LANGUIR!

JE VOUS IMPLORE : VOUS DEVEZ ABSOLUMENT SAUVER MON RÉFRIGÉRATEUR DE VOTRE COUSIN! IL EST ARRIVÉ TOUT DE SUITE APRÈS VOTRE DÉPART... ET IL NE FAIT QUE MANGER!

BEURP! BON RETOUR, COUSINS! QUELQU'UN AURAIT-IL UNE MENTHE?

TRAQUENARD!

CHERS AMIS RONGEURS, À BIENTÔT POUR DE NOUVELLES AVENTURES. DES AVENTURES AU POIL, ÉCRITES PAR STILTON...

Geronimo Stilton!

DITES-MOI, QU'EST-CE QUI VOUS AMÈNE À ROME?

NOUS SOMMES ICI POUR L'INAUGURATION DE L'AMPHITHÉÂTRE!

BON TRAVAIL, PAPA CHÉRI! ÉCOUTE, J'AI AUSSI DES NOUVELLES...

LES CHATS PIRATES VOYAGENT DANS LE TEMPS À BORD DU CATJET AFIN DE CHANGER L'HISTOIRE ET DEVENIR RICHES ET CÉLÈBRES. CEPENDANT, GERONIMO ET SA FAMILLE ARRIVENT TOUJOURS À LES DÉMASQUER.

CATJET

QUELQUES MINUTES PLUS TARD...

PARFAIT! HABILLÉS COMME ÇA, NOUS POUVONS NOUS DÉPLACER INCOGNITO!

ATTENDEZ UNE MINUTE... POURQUOI VOS TUNIQUES SONT ÉLÉGANTES ET LA MIENNE EST MITEUSE?